BEI GRIN MACHT SICH IHR
WISSEN BEZAHLT

Fred-Oliver Jury

Die Simulation von Flugzuständen. Ein mediendidaktisches Konzept

GRIN Verlag

Bibliografische Information der Deutschen Nationalbibliothek:

Die Deutsche Bibliothek verzeichnet diese Publikation in der Deutschen National-
bibliografie; detaillierte bibliografische Daten sind im Internet über http://dnb.d-
nb.de/ abrufbar.

Impressum:

Copyright © 2014 GRIN Verlag GmbH
Druck und Bindung: Books on Demand GmbH, Norderstedt Germany
ISBN: 978-3-656-72626-5

Dieses Buch bei GRIN:

http://www.grin.com/de/e-book/278464/die-simulation-von-flugzustaenden-ein-
mediendidaktisches-konzept

GRIN - Your knowledge has value

Konzept "Lernsimulation kritischer Flugzustände und Flugphysik"

Autor: Oliver Jury

Machbarkeit und Rahmenbedingungen

8 Februar 2014
Verfasst von: Anwender
Fred-Oliver Jury
Hochschule Emden / Leer

Inhaltsverzeichnis

1. Vision Statement

Während Piloten in Wehrdiensteinrichtungen oder großen Fluggesellschaften in allen erdenkbaren kritischen Flugzuständen mit Hilfe professioneller Simulatoren und in der Realität unterrichtet werden, existiert eine solche Möglichkeit für Privatpiloten nicht. Dort wird in möglichst großem Umfang theoretisches Wissen gelernt, welches aber weder praktisch noch langfristig gefestigt wird. Eine bezahlbare Simulationssoftware könnte an dieser Stelle einen wichtigen Beitrag zu Verständnis, Sicherheit und Übung beitragen. Bisherige Simulationen bieten zwar sehr gute physikalische Modelle, welche aber weder auf korrekte Eigenschaften der jeweiligen Luftfahrzeuge eingehen noch Lernmodelle anbieten, welche den geforderten Bedingungen entsprechen.

2. Strategische Ausrichtung

Neben der Betrachtung der Zielgruppen muss der Markt betrachtet werden, um die Chancen und Risiken einer solchen Software zu Erfassen und unterstützte Hardware wird beschrieben.

2.1 Zielgruppen

Die Flugsimulation richtet sich primär an Piloten in Ausbildung und als lebenslanges Training, sowie an Computerspieler von möglichst realistischen Flugsimulationen.

2.1.1 Zielgruppe Privatpilot

In der normalen Ausbildung eines Privatpiloten - darunter fallen Piloten für ultraleichte Luftfahrzeuge, Segelflugzeuge, ein und mehrmotorige Propellerflugzeuge sowie privatgenutzte Drehflügler (Umgangssprachlich genutzte Bezeichnung lautet Hubschrauber) - gehören Flugphysik und wichtige kritische Flugzustände zur theoretischen Ausbildung. Diese Zielgruppe wird erschlossen durch Formulierungen der aktuellen Ausbildungsordnung.
Die Ausbildungsordnung „FCL 1" nach den derzeit gültigen Joint Aviation Rules (JAR–FCL 1) für Privatpiloten von ein- und mehrmotorigen Luftfahrzeugen und Drehflüglern (Hubschrauber) sieht dazu vor:

"(d) Grenzflugzustände im unteren Geschwindigkeitsbereich, Erkennen und Beenden von beginnenden und voll überzogen Flugzuständen
(e) Grenzflugzustände im oberen Geschwindigkeitsbereich, Erkennen und Beenden eines kritischen Flugzustands"[1]

Praktische Möglichkeiten erlerntes Wissen zu festigen, werden in der Regel nicht vollständig geboten, da bestimmte Flugzustände, wie z.b. Trudeln nicht Bestandteil der Ausbildungsordnung sind. Unter Trudeln versteht man den unkontrollierten spiralförmigen Fall zur Erdoberfläche ohne anliegende Luftströmung an wenigstens einer Tragfläche. Um das Luftfahrzeug wieder in einen kontrollierten Zustand zu bekommen gibt es Standardverfahren, welche bei jedem Flugzeugtyp auch in dessen Handbuch beschrieben sind und vom Standardverfahren abweichen können. Ein kritischer Flugzustand wie Trudeln gehört zu den realen Gefahren im Flugbetrieb. Nach der Ausbildungsordnung (FCL 1) gehört dieser Flugzustand aber nicht zum oberen Geschwindigkeitsbereich und auch nicht zu den voll überzogenen Flugzuständen im unteren Geschwindigkeitsbereich und muss daher aufgrund der Formulierungen nicht praktisch geübt werden.

Die Anzahl der möglichen Nutzer einer solchen Software lässt sich nur schätzen, da dass Luftfahrtbundesamt (LBA) erst seit 2007 Statistiken über neu erteilte Pilotenlizenzen des kommerziellen Sektors veröffentlicht. Im kommerziellen Bereich wurden 20.297 neue Berechtigungen im Jahr 2012 in Deutschland ausgestellt[2]. Im Bereich der Ultraleichtfliegern wurden 2012 bei den UL-Flugzeugführern 858, bei den UL-Tragschrauber-Piloten 66 und bei den UL-Segelflugzeugführern weitere 73 Lizenzen neu ausgestellt[3].
Überträgt man diese Zahlen weltweit, muss mit einem potentiellen Nutzerkreis im 7-stelligen Bereich gerechnet werden. Zahlen von Segelflugzeugführern sind in den Statistiken nicht erfasst.

[1] Bundesministerium für Verkehr, Bau und Stadtentwicklung, Bekanntmachung der Bestimmungen über die Lizensierung von Piloten (Flugzeug) (JAR-FCL 1 deutsch), 17. November 2008, S 63, Flugausbildung Kapitel 3, Link: http://www.lbm.rlp.de/icc/Internet/med/237/23770b7f-e563-c421-60f1-d8770a7fd727,11111111-1111-1111-1111-111111111111.pdf
[2] Webseite des Luftfahrtbundesamt, Stand 06.01.2014, Lizenzen für fliegendes Personal in der Bundesrepublik Deutschland, Link: http://www.lba.de/DE/Oeffentlichkeitsarbeit/Statistiken/Statistik_LizenzenLandesluftfahrtbeoerde n.html?nn=23054
[3] Deutscher AERO CLUB e.V., Geschäftsbericht 2012, S. 15, Link: http://www.daec.de/fileadmin/user_upload/files/2012/luftsportgeraete_buero/Geschaeftsberic hte/LSG_B2012.pdf

2.1.2 Zielgruppe Spieler von Simulationssoftware

Eine weitere Zielgruppe sind Simulationsspieler. Auf dem Markt sind bereits diverse Flugsimulatoren, welche sich mit großem Erfolg verkaufen. Von dem überwiegenden Teil der Spieler kann davon ausgegangen werden, dass eine hohe Detailtreue und realistische Flugphysik ausschlaggebend für einen Kauf ist.

2.2 Ähnliche Simulationssoftware am Markt

Unter den bekanntesten kommerziellen Ablegern gehören die verschiedenen Versionen des Microsoft Flight (Simulator)[4], sowie X-Plane[5].
Beide Simulatoren haben einen großen Bekanntheitsgrad. Ausgelegt als Erweiterung dieser Flugsimulationssoftware würde dadurch ein großer Käuferkreis angesprochen werden. Im Vergleich der beiden genannten Simulationen ist X-Plane hervorzuheben, da es bereits über ein sehr detailgetreues physikalisches Modell verfügt und auch viele kritische Flugzustände in der Simulation integriert sind. So werden neben geschwindigkeitsabhängigen Komponenten wie zugeführter Energie und Luftwiderstand auch Masse und Cw-Wert des Flugobjekts, Schwerpunktlage, Trägheit und ein komplexes Wettermodell integriert. X-Plane ist so realitätsgetreu, dass der Einsatz in amerikanischen Flugschulen mit einer erweiterten Lizenz und vorgeschriebener Hardware von der FAA (Federal Aviation Administration) zur Ausbildung genehmigt ist[6]. Trotz allem fehlen beiden genannten Simulatoren entscheidende Feinheiten. Dazu gehören Besonderheiten im Flugverhalten der einzelnen Muster. Kann z.B. im Produkt von Microsoft quasi jedes Flugmodell im Rückenflug geflogen werden, verhält sich an der Stelle X-Plane schon genauer, aber wenn nun z.B. das Segelflugmuster MDM Fox ein bestimmtes Verfahren benötigt, um aus dem Trudeln ausgeleitet zu werden, wird in X-Plane das Standardverfahren angewendet und nicht das Korrekte.

2.3 Sinnvolle Plattformen

Hier muss zwischen den Zielgruppen Simulationsspieler und Flugschüler/Pilot trennen. Bei den Simulationsspielern sind oftmals professionelles Equipment wie Schubregler, Pedale und Joystick, angeschlossen an Personal Computer oder Laptop vorzufinden. Diese Ausrüstung ist für den optimalen und realitätsnahen Spielspaß vorzuziehen. In

---

[4] Aktuelle Version MSFlight, Webseite zum Produkt: https://microsoftflight.com/de-de/home/
[5] Produkthomepage X-Plane: http://www.x-plane.com/desktop/home/
[6] X-Plane FAA-Zertifzierungsinformationen, Abgerufen 08.01.2014, Link: http://www.x-plane.com/pro/certified/

zunehmenden Ausprägungen verlagert sich aber auch bei Simulationen das Interesse an Tablet-PCs mit Android oder IOS Betriebssystem. Der Vorteil liegt hierbei ganz klar auf der Verfügbarkeit. Die Steuerung ist hierbei durch Neigung des Gerätes für die Flugachsen und anzuzeigende Schieberegler auf dem Touch-Display möglich. Die Neigung kann auch mit Mini-Joysticks ersetzt oder kombiniert werden, welche auf das Touch-Display aufgeklebt werden.

Für den Einsatz als Unterstützung in der Flugausbildung oder zum Training wird ein Personal Computer oder Laptop mit aktueller Ausstattung und zusätzlichen Eingabegeräten empfohlen. Dazu gehören bereits erwähnte Schubregler, Pedale und Joysticks. Des Weiteren können komplette Instrumenteneinheiten im professionellen Zubehörhandel erworben oder in Auftrag gegeben werden. Alternativ bietet X-Plane hierzu bereits die Möglichkeit Android-Hardware als Intrumentenpanel mit einer PC-Hardware zu verbinden. Auf der Android-Hardware können dann Instrumente und Navigation-/Funkgeräte angezeigt und bedient werden (siehe auch X-Plane Remote Plus im Google Appstore:
https://play.google.com/store/apps/details?id=org.baltazar.XPlaneRemotePlus).

Abbildung 2. Instrumentenansicht Android-Anwendung für X-Plane

2.4   Fazit

Bei einer Eigenentwicklung entsteht durch die etablierte Konkurrenz am Markt ein hohes Risiko mit einem großen Aufwand ein Produkt zu erschaffen, was sich nicht durchsetzen kann. Parallele Anschaffungen zu bereits vorhandenen Simulationen sind für die Zielgruppe der Simulationsspieler nicht zu erwarten.

Möchte man auch Simulationsspieler mit einer solchen Software erreichen, empfiehlt sich die Entwicklung einer Erweiterung, ein sogenanntes „Add-On".

Bei einer Erweiterung in Form eines Add-On's sind dabei die kritischen Zustände zu verbessern. Jedes Flugzeug reagiert trotz identischer Umstände und den gleichen physikalischen Grundsätzen unterschiedlich. Auch wenn es die vorhandenen Simulationen suggerieren, ist nicht jedes Luftfahrzeug in der Lage kopfüber zu fliegen und nicht jedes Luftfahrzeug kann mit denselben Verfahren aus kritischen Situationen navigiert werden.

Des Weiteren sind in den Simulationen bisher keine Lernszenarien vorhanden, die Luftrecht, physiologische und physikalische Grundlagen vermitteln.

Aufgrund der hohen Qualität von X-Plane wird die Umsetzung eines Add-On's hierfür empfohlen und im weiteren Konzept basieren die Annahmen darauf.

3. Gameplay

Zum Gameplay gehören die Prinzipien der Simulation und die verschiedenen Spielarten.

3.1 Spielprinzip

Zum Spielprinzip gehören die Ziele der Software und die Steuerung.
Das Ziel dieser Software ist die möglichst hohe Realitätsnähe der Flugmodelle und die Bildung von Kompetenzen in extremen Situationen, in die der Spieler gebracht wird. Die Simulation soll den Spieler in die Lage versetzen ein reales Fluggerät in denselben Situationen sicher zu beherrschen. Die Motivation ist die Unversehrtheit des eigenen Lebens und des Fluggeräts.
Die Steuerung muss sich daher gerade bei der Zielgruppe 1 an der Steuerung des realen Fluggeräts orientieren. Die Steuerung eines Fluggeräts erfolgt im Normalfall über Seitenruder -> Fußpedale mit denen eine Steuerung links und rechts erfolgt,
Höhenruder -> Je nach Fluggerät ein Joystick oder eine Flugkonsole, welche nach vorne und hinten bewegt werden kann und damit die Neigung des Fluggeräts zur Luftströmung variiert.
Trimmung -> Optional, befindet sich am Höhenruder und bestimmt die Neigung des Fluggerätes ohne dass ein Druck auf das Höhenruder ausgeübt werden muss (z.B. über Schieberegler am Joystick oder einer Flugkonsole),
Querruder -> Hiermit kann die Querneigung des Fluggeräts erfolgen, per links/rechts am Joystick oder Drehen des Ruders an einer Flugkonsole.
Bremsklappen, Wölbklappen, Schubregler und Schubumkehr sind durch eine Konsole mit Schiebereglern zu realisieren.

Eine solche Steuerung engt den Einsatz auf PC-Zubehör oder sehr spezialisierte Hardware ein. Möchte man die Simulation auch der Zielgruppe der Simulationsspieler zugänglich machen, ist es möglich mobile Endgeräte hinzuzunehmen. Hier können die fehlenden Eingabegeräte beispielsweise über Schwenkaktionen des Gerätes oder Schieberegler mit Touchbedienung am Rand kompensiert werden.

3.2   Spielarten oder Modi

Es sind drei Arten geplant die Simulation spielen zu können. Vom einfachen Spielen, dem Lernmodus mit begleitenden Informationen, über die Möglichkeit mit einem Controller in einem professionellen Schulszenario.

3.2.1   Lernanwendung mit Tutorial

Der Spieler entscheidet sich konkret für ein Lernszenario und wählt es in einem Menü aus. Es wird dazu vorerst eine Erläuterung angeboten. Diese kann als Texterläuterung stattfinden, mit Bildern und Videomaterial und sollte alle nötigen physikalischen und physiologischen Erläuterungen bieten. Wenn der Spieler beginnen möchte bestätigt er dieses und startet die Flugsimulation. Der Start erfolgt wie bei jeder anderen Flugsimulation im Programm auch, die zu übende Flugsituation ergibt sich dann im Ablauf der Simulation.

3.2.2   Flug mit Controller

Hierbei sitzt ein Fluglehrer als Controller mit dabei. Dieses ist bei X-Plane möglich.
Der Controller kann nun während des Fluges aus einem Katalog aus möglichen Szenarien (Wettererscheinungen, Strömungsabriss, technisches Versagen, usw.) auswählen und diese dem auszubildenden Piloten während seines Fluges vorgeben. Dabei ergibt sich auch eine individuelle Begleitung und Einschätzung des Fluglehrers über den Probanden.

3.2.3   Freiflug

Im Freiflug läuft die normale Flugsimulation, aber alle physikalischen Eigenschaften des Fluggerätes sind von der Simulationssoftware berücksichtigt. Macht der

Simulationsspieler einen Fehler, reagiert die Simulation wirklichkeitsgetreu passend zum ausgewählten Fluggerät mit allen Eigenarten. Kommt es durch einen Fehler zum Absturz wird im Anschluss der Fehler nicht bestraft, sondern es wird der Fehler erläutert (wie im Modus „Lernanwendung mit Tutorial") und ein Neustart angeboten, bei dem der Spieler nach Beginnen des Fehlers wieder einsteigt und nun richtig reagieren soll. Schafft er es den Fehler zu korrigieren, kann weitergespielt werden. Durch die Möglichkeit den Fehler zu korrigieren soll ein Lernanreiz geschaffen werden und eine zusätzliche Motivierung erzeugt werden.

3.3   Spielablauf

Der grundsätzliche Spielablauf orientiert sich am realen Ablauf.
Wie im normalen Leben muss der Pilot vor dem Flug eine Planung machen. Das beinhaltet eine Routenplanung und ein Wetterbriefing. Im Regelfall wird dieses alles über Computerprogramme erledigt. In der Simulation kann daher ein solches Briefing vorher über einen einfachen Klick simuliert werden.
Dann kann über ein Menü die Simulation gestartet werden – mit Auswahl des Modus „Freier Flug, Controller oder Lernsituation". Bei letzterem Menüpunkt erfolgt dann vorher die Auswahl der zu lernenden Problemsituation.
Der Pilot sitzt nun im ausgewählten Flugzeug und muss sich wie in der Realität auch nach Größe des ausgewählten Luftfahrzeugs und Flugplatzes auch an die Vorgehensweisen verhalten. Start und Landung gehören ebenfalls zu kritischen Flugzuständen. Auch wenn im eigentlichen Sinne vor oder beim Startvorgang noch nicht geflogen wird, ist ein Fehler im Ablauf als kritisch zu bewerten und kann im echten Leben zu Unfällen, hohen Kosten und Anzeigen führen. Das folgende Szenario ist noch vereinfacht beschrieben und dient der Erfassung der Komplexität eines solchen Vorgangs:
Es muss in der Regel zu erst die Bodenkontrolle (bei einem Verkehrsflughafen) angefunkt werden und eine Freigabe zum Starten eingeholt werden. Diese bekommt man mit der Angabe, welche Rollwege auf dem Flugplatz zu befahren sind und welche Piste man an welchem Rollhalt ansteuern darf. Der Pilot bestätigt und begibt sich mit dem Flugzeug zu diesem Rollhalt. Dann meldet er dieses der Bodenkontrolle und meldet sich dann beim Tower für den Start. Daraufhin darf er die Startpiste befahren und auf die Startfreigabe warten. Diese erhält er mit Informationen, wie er sich nach dem Abheben verhalten muss (z.B. Steigen auf 3000 Fuß, links ab 170°, ab Autobahn A55 Steigen auf 7500 Fuß, usw.) und darf nach einer Bestätigung der Anweisungen den eigentlichen Start vollziehen.

Anmerkung:
Dieser Ablauf orientiert sich an der Wirklichkeit und ist anstrengend, da sehr viele Informationen und Abläufe in kurzer Zeit verarbeitet und ausgeführt werden müssen. Dieser Vorgang kann übersprungen werden, da hier sonst bei vielen Spielern bereits vor dem ersten Start eine Überforderung und damit eingehend eine Demotivation zum Spielen gefördert wird. Ebenso sollte ein Luftfahrzeugführer, welcher eine hohe Erfahrung mit diesen Verfahren hat, dieses überspringen können – er muss es ja können.

In der Simulation hat man dann die Zielflughöhe und Kurs erreicht. Nun dürfen die speziell zu lernenden Verfahren geübt werden, wenn dieses vorher ausgewählt wurde. In der Simulation kann dann dazu jederzeit eine Pause herbeigeführt werden und in dieser nochmals die Anleitungen dazu aufrufen. Befindet man sich aber im Freiflugmodus passiert erst einmal nichts, außer man simuliert einen menschlichen Fehler. Die Simulation muss sich wie in den anderen Modi immer an der Wirklichkeit orientieren und dann zu den gleichen kritischen Flugzuständen führen, diese erkennen und bei Fehlverhalten des Piloten darauf hinweisen (s. 3.2.3. Freiflug). Bei einem Flug mit Fluglehrer/Controller hat dieser separate Anzeigen und Eingaben, um verschiedene Flugzustände herbeizuführen wie eine Schlechtwetterfront, einen Triebwerksausfall oder einen falsch stehenden Schubregler (also als wenn der Pilot einen Fehler begangen hätte).

Nach einem Flug muss der Pilot auf dem Zielflughafen landen. Hierzu ist wiederrum eine entsprechende Prozedur einzuhalten (Anmelden vor dem Anflug eines Pflichtmeldepunktes, vor dem Flugbeschränkungsgebietes, Bitte um Genehmigung zum Einflug in das Flugbeschränkungsgebiet mit der Absicht zur Landung. Daraufhin erfolgt die Anweisung bei Erreichen des Meldepunktes dieses melden, daraufhin erst die Genehmigung zum Einflug, usw. usw.). Auch hier sollte die Prozedur vorhanden, aber die Möglichkeit gegeben sein, diese zu Überspringen und einfach nur zu Landen.

Einen einfachen Eindruck der Luftraumstruktur bietet die Grafik des Flughafen Berlin-Tegel. Pflichtmeldepunkte sind dort die Dreiecke im gestrichelten Kreis „November", „Tango" und „Papa". Der blau gestrichelte Kasten um den Flughafen ist der Flugbeschränkungsbereich D CTR (gesprochen Delta CTR) ausgehend von der Meeresspiegelhöhe (MSL) bis 2500 Fuß.

Abbildung 1.   Anflugkarte Berlin-Tegel

4. Kombinationsmöglichkeit zu Präsenzschulung

Diese Simulation kann problemlos zum Vergnügen ausgeführt werden – was zur Vergrößerung des Nutzerkreises erwünscht ist. Zur Unterstützung von theoretischem Unterricht soll die Simulation aber ebenfalls genutzt werden können.

Werden zum Beispiel in den Fächern „menschliches Leistungsvermögen" Fehlverhalten aufgrund von Überlastung durch viele gleichzeitig auszuführende Aktionen angesprochen, können diese alleine durch die beschriebenen Prozeduren zum Starten und Landen auf Verkehrsflughafen (s. 3.3 Spielablauf) simuliert und vom Fluglehrer beobachtet und zusammen mit dem Flugschüler reflektiert werden.

Ein zweites Beispiel wäre das Fach „Aerodynamik" und das Fach „Verhalten in besonderen Fällen". Bei einem Strömungsabriss und anschließenden Übergang in ein Trudeln (vgl. Kapitel 2.1) würden beide Fächer angesprochen. Der Strömungsabriss gehört zu den aerodynamischen Lerninhalten und der, in diesem Szenario daraus resultierende, kritische Flugzustand Trudeln zu den Verhalten in besonderen Fällen.

Eine Kombination zum theoretischen Flugunterricht ist also erwünscht und im Modus „Flug mit Controller" (vgl. Kapitel 3.2.2) explizit vorgesehen.

5. Mediendidaktisches Konzept

Die Simulation von Flugphysik und kritischen Flugzuständen verfolgt, mit Methodik und definierten Prozessen ein Lernziel. Aus den vorhergehenden Kapiteln erschließen sich bereits die nötigen Ansätze und Ziele. Hier sollen diese konkret aufgeführt werden.

5.1 Methodik

Ein möglichst reales physikalisches Flugmodell wird zur Umsetzung von Szenarien erschaffen, um ein intrinsisches Lernen zu ermöglichen. Die Komplexität ist anpassbar um keine gegenläufige Motivation zu erzeugen. Diese erreicht je nach Lernfortschritt und Können des Probanden eine niedrige bis zu einer hohen Stressbelastung. Wobei eine hohe Komplexität und Stressbelastung ab einem bestimmten Niveau gewollt und einem Joy-of-Use förderlich ist. Der Proband wird sich ab einer bestimmten Lernstufe immer wieder selbst in solche Situationen bringen wollen um sein Können, sich selbst zu bestätigen.

Die eingebauten Lernstoffe zu den Problemen sollen dabei hilfreich sein, aber auch die Neugierde zu weiterer Informationssuche fördern. Piloten in der Ausbildung erweitern damit gefahrlos und mit multimedialen Mitteln den Wissensumfang und festigen theoretische Schulungsinhalte. Insgesamt wird dadurch ein höheres Verständnis von physikalischen und physiologischen Gesetzmäßigkeiten gefördert.

Ergebnisse und Fortschritte sind selbst reflektierbar durch die Reaktionen der Fluggeräte und durch den Modus mit Controller auch extern bewertbar.

5.2 Zielvorgabe

Der Proband soll erlerntes Wissen festigen und trainieren. Lerninhalte können bei Bedarf zu den Situationen abgerufen werden, d.h. wenn kein Wissen vorhanden ist erfolgt die Möglichkeit sich dieses Wissen anzueignen. Durch die Möglichkeit Fehler zu verbessern und die Komplexität der Szenarien selber auswählen zu können soll ein intrinsisches Lernen begünstigt werden. Durch die Interaktionen und simulierte Realität wird der Zugang erleichtert.

Für Simulationsspieler und Piloten ergeben sich unterschiedliche Ziele, welche durch das vorgestellte Konzept abgedeckt werden:

Pilot:
- Festigen von theoretischen physikalischen Flugzuständen (z.B. Strömungsabriß)
- Festigen von menschlichem Leistungsvermögen (z.b. Stresssituationen bei Start von Verkehrsflughafen durch viele gleichzeitige Aktionen)
- Üben von kritischen Flugzuständen (z.b. Trudeln)
- Erkenntnisse vermitteln zu den unterschiedlichen Flugverhalten unterschiedlicher Flugmuster
- Analyse von Fehlverhalten und Verbesserung ermöglichen
- Korrekturverfahren, Notfallverfahren
- Erhöhung der Sicherheit durch reflexartig eingeübte Verfahren (z.b. sofortiges Nachdrücken des Steuerknüppels bei Triebwerksausfall, Seilriss im Windenstart)
- Üben richtiger Entscheidungen im Notfall (z.b. Ausweichen auf anderen Flugplatz, Notlandung, usw.)
- Ein realistisches Flugmodell ermöglicht auch in gewissen Maße realistischen Kunstflug (die Beschleunigungskräfte fehlen)
- Simulationsspieler:
- Erleben realistischer Flugsituationen
- Anreize geben theoretische Grundlagen kennen zu lernen und anzuwenden
- Erkenntnisse vermitteln zu den unterschiedlichen Flugverhalten unterschiedlicher Flugmuster
- Analyse von Fehlverhalten und Verbesserung ermöglichen
- Ein realistisches Flugmodell ermöglicht auch in gewissen Maße realistischen Kunstflug (die Beschleunigungskräfte fehlen)

5.3 Prozessbeschreibung

Die Lerninhalte können entweder vorab erworben sein oder im Lernmodus erworben werden.

Die erlernten Verfahren ergeben sich aus dem theoretischem Vorwissen und den Erfahrungen aus der Simulation.

Die Verfahren können in unterschiedlichen Szenarien erlernt und gefestigt werden.

Feedback innerhalb der Simulation ist wirklichkeitsgetreu und führt zur Wissensbildung, welche zukünftige Entscheidungen taxiert. Dieses ist als Lernergebnis zu betrachten.

Beim Modus „Freiflug" können beliebige Situationen selbst erzeugt und geübt werden.

Die Lernsituation ist informell, kann aber im Modus „Flug mit Controller" zur Lernkontrolle genutzt werden.

Es gibt zwei Zielgruppen mit unterschiedlichen Motivationen: Piloten und Simulationsspieler.

Bei den Zielgruppen existieren starke Wissensunterschiede.

Erweiterungsmöglichkeiten der Simulation durch zusätzliche Panels und Eingabegeräte sollen Wirklichkeitstreue und Motivation erhöhen.

Die Motivation die Simulation zu spielen soll intrinsisch erfolgen. Der Aufbau, Belohnungen, wie der Möglichkeit einer Korrektur bei Fehlverhalten, und die wählbare Komplexität sollen einen Joy-of-Use fördern.

6. Umsetzung

X-Plane Erweiterungen können in Python und LUA[7] geschrieben werden. Bei LUA handelt es sich um eine Skriptsprache, welche auf der Programmiersprache C aufsetzt. Die Entwicklung und Vermarktung dieser Erweiterung sollte von X-Plane selbst durchgeführt werden. Die Firma Laminar Research, welche X-Plane vertreibt, legt viele Möglichkeiten offen, um X-Plane um Flugzeugtypen, Landschaften oder die Palette der Fluginstrumente zu erweitern. Die nötigen Änderungen in X-Plane, die eine solche Erweiterung benötigen würde, werden aber nicht eröffnet.

7. Evaluation

Zu einer Aufnahme der Produktqualität kann hier nur eine Empfehlung erstellt werden, da die Entwicklung bei Laminar Research gesehen wird.
Eine Evaluation der Entwicklung sollte als Kreisprozess verstanden werden, bei dem eingeflossene Änderungen einen neuen Start der Evaluierung auslösen.
Zu den Prüfkriterien werden Codequalität und Produktqualität, insbesondere Usability Tests empfohlen. Die Produktqualität soll mit den Bedürfnissen der Zielgruppen in Einklang gebracht werden. Hiermit soll sichergestellt werden, dass die Zielvorgabe (vgl.

---

[7] Link zur Webseite von LUA: http://www.lua.org/

Kapitel 5.2.) erreicht wird. Wenn die geforderten Qualitätskriterien erreicht sind, soll vor Veröffentlichung ein Produkttest mit den Zielgruppen durchgeführt und Notfalls nachgebessert werden.

8. Abbildungsverzeichnis